RECOGNIZING
SIMILAR LOOKING
CHINESE CHARACTERS
汉字精解：辨析形近字系列

PART 2

XINYAN WANG
王心燕

ACKNOWLEDGEMENTS

Thank you almighty! I wish to convey my sincere thanks gratitude to everyone who helped me in writing this book series on differentiating similar-looking Chinese characters. Special thanks go to the linguistic experts and scholars who provided invaluable insights and guidance throughout the process. I am also deeply thankful to the editors and proofreaders who have worked tirelessly to ensure the accuracy and clarity of the content. Additionally, I appreciate the support and encouragement from family, friends, and colleagues who have motivated me to complete this project. Without their contributions, this book series would not have been possible.

©2024 Xinyan Wang. All rights reserved.

INTRODUCTION

Welcome to the unique book series "Mastering Chinese Characters" 汉(字精解：辨析形近字系列) designed to help readers differentiate between similar-looking Chinese characters. Each chapter in this series features a short story that highlights the distinct meanings and usages of two specific Chinese characters that are often mistaken for one another. By incorporating storytelling into the learning process, this book series aims to make learning Chinese characters more engaging and memorable.

In each chapter, you will find a pair of similar-looking Chinese characters prominently displayed in the title. The stories are crafted to showcase the unique contexts and nuances that differentiate these characters, making it easier for you to grasp their distinct meanings and usages. Whether you are a beginner or an advanced learner of Chinese, this book series offers a fun and effective way to enhance your understanding of the language.

As you read through these stories, you will discover the rich cultural heritage and historical significance of Chinese characters. By connecting the characters to real-life scenarios and emotional narratives, this book series seeks to inspire a deeper appreciation and understanding of the Chinese language. So, let's embark on this journey together and unlock the secrets of Chinese character differentiation through the magic of storytelling.

CONTENTS

ACKNOWLEDGEMENTS 2

INTRODUCTION 3

CONTENTS 4

    第一章：灯笼光亮（井与开）.. 5

    第二章：春联喜庆（止与山）.. 7

    第三章：海鸥飞 (尸与户).. 9

    第四章：核桃（氵与冫：水润与冰封）.. 11

    第五章：枸杞（斤与斥：权衡与责备）.. 13

    第六章：竹林幽（巴与把：期盼与把握）.. 15

    第七章：千岛湖（休与修：休憩与修行）.. 17

    第八章：洞庭湖（伐与代：砍伐与替代）.. 19

    第九章：瓢虫（氐与互：低微与互助）.. 21

    第十章：火龙果花（芒与盲：光芒与盲目）.................................... 23

    第十一章：椰子汁（颈与经：脖颈与经络）.................................... 25

    第十二章：海豚跃（曰与日：言说与时光）.................................... 27

    第十三章：茶馆桌（日与目）.. 29

    第十四章：牡丹花（午与牛）.. 31

    第十五章：桂花糕甜（火与灭）.. 33

    第十六章：丝绸柔软（方与万）.. 35

    第十七章：柳絮飞扬（且与目）.. 37

第一章：灯笼光亮（井与开）

在古老的华夏大地上，有一座被群山环抱的小村庄，名为灯笼村。这里的人们世代以耕作为生，过着宁静而质朴的生活。在村庄的中心，有一口古老的井（井），它见证了村庄的兴衰与变迁，是村民们赖以生存的重要水源。而在村庄的边缘，有一片开阔的田野（开），那里是村民们播种希望、收获幸福的地方。

灯笼村之所以得名，是因为每当夜幕降临，家家户户都会点亮一盏盏精致的灯笼，挂在门前屋后，照亮了整个村庄。这些灯笼不仅为村民们提供了光明，更成为了他们心中的希望与梦想。

在灯笼村里，有两位性格迥异的青年，一位名叫井生，另一位名叫开阳。井生是村里井边的守护者，他性格内向，沉默寡言，但心地善良，对村里的每一口井都了如指掌，总能及时解决村民们遇到的饮水问题。而开阳则是一个活泼开朗、充满梦想的青年，他热爱田野，渴望通过自己的努力，让灯笼村的田野更加肥沃，让村民们过上更加富足的生活。

有一年，灯笼村遭遇了前所未有的干旱，井里的水位急剧下降，村民们面临着饮水困难。井生看在眼里，急在心里，他夜以继日地奔波于各口井之间，试图找到解决之道。而开阳则决定带领村民们一起开垦新的水源，他组织大家挖掘水渠，从远处的山泉引水入村。

经过数月的努力，井生的努力虽然没有直接找到新的水源，但他却意外地发现了一口深藏在地下的老井，水质清澈甘甜，足以解决村里的饮水问题。而开阳的水渠工程也取得了圆满成功，清泉潺潺地流入了灯笼村，滋润了干渴的土地。

村民们欢呼雀跃，他们感谢井生的细心与坚持，也感激开阳的勇气与智慧。井生与开阳的故事在灯笼村流传开来，成为了激励后人面对困难、勇于探索的典范。

从那以后，灯笼村的夜晚更加明亮了，不仅因为家家户户点亮的灯笼，更因为村民们心中那份对美好生活的向往与追求。井生与开阳用他们的行动诠释了"井"与"开"的深刻含义：井，代表着深邃与坚持，是寻找水源的不懈努力；开，则象征着广阔与开放，是开拓新天地的勇气与智慧。

灯笼村在井生与开阳的带领下，逐渐走上了繁荣的道路，成为了远近闻名的富裕村庄。每当夜幕降临，灯笼村依然灯火通明，那不仅仅是灯笼的光亮，更是村民们心中那份永不熄灭的希望与梦想。

第二章：春联喜庆（止与山）

在华夏的广袤大地上，有一个被群山环抱的小村庄，名为和乐村。每当春节来临，村庄便沉浸在一片喜庆的氛围中，家家户户都会贴上红彤彤的春联，以迎接新年的到来。在这些春联中，不仅蕴含着村民们对新年的美好祝愿，还藏着一段关于"止"与"山"的传奇故事。

故事发生在很久以前，和乐村被两座巍峨的大山紧紧夹在中间，村民们进出村庄极为不便，只能沿着蜿蜒曲折的山路行走，不仅耗时费力，还时常面临山洪、滑坡等自然灾害的威胁。那时的和乐村，仿佛被两座大山"止"住了前行的脚步，村民们的生活也因此受到了极大的限制。

然而，在和乐村中，有一位名叫止远的青年，他聪明勇敢，心怀梦想。止远不愿看到村民们被大山所困，他决定寻找一条能够穿越大山的道路，让和乐村与外界相连。止远的想法得到了村里一些年轻人的支持，他们组成了一支探险队，带着简陋的工具和满腔的热情，踏上了寻找出路的征程。

经过数月的艰难跋涉，探险队终于在一处隐蔽的山谷中发现了一条可行的通道。这条通道虽然狭窄，但足以让村民们通行。更重要的是，通道的尽头是一片开阔的平原，那里物产丰富，交通便捷，是和乐村与外界交流的绝佳之地。

止远和他的探险队将这一喜讯带回了村庄，村民们欢呼雀跃，他们终于看到了走出大山、改变命运的希望。在止远的带领下，村民们齐心协力，用智慧和汗水在通道两旁开凿山路，铺设石阶，最终建成了一条通往外界的宽敞大道。

为了纪念这一历史性的时刻，和乐村在每年的春节都会贴上特别定制的春联。春联上不仅有着对新年的美好祝愿，还巧妙地融入了"止"与"山"的元素，寓意着村民们从被大山"止"住的困境中走出来，勇敢地翻越了一座又一座的"山"，最终迎来了属于他们的幸福生活。

从此，和乐村变得更加繁荣兴旺，村民们的生活水平也得到了极大的提升。每当春节来临，春联喜庆的场景便成为了和乐村一道独特的风景线，它不仅展现了村民们对新年的热切期盼，更寄托了他们对未来美好生活的无限憧憬。而"止与山"的故事，也在和乐村代代相传，激励着后人面对困难时不屈不挠、勇往直前的精神。

第三章：海鸥飞 (尸与户)

在遥远的海岸边，有一个宁静的小镇，名叫海鸥镇。海鸥镇因每年夏季成群的海鸥迁徙至此而得名，它们或翱翔于蓝天，或低飞于海面，为小镇增添了几分生机与活力。

故事的主人公是镇上的两位老人，一位名叫尸伯，另一位叫户叔。尽管他们年龄相仿，性格却大相径庭，这其中的缘由，或许与他们名字中的"尸"与"户"字有着不解之缘。

尸伯，人如其名，平日里沉默寡言，行动迟缓，仿佛总带着一丝哀伤。他的家中，摆满了各式各样的古籍与字帖，尤其钟爱那些描绘生死轮回、阴阳五行的篇章。尸伯常言："人生如梦，死后归尸，唯有文字能穿越时空，记录永恒。"因此，他的一生，似乎都在追寻着某种超脱生死的真理。

而户叔，则是个开朗健谈的人，他的家就像是一个小小的集市，总是热闹非凡。户叔擅长木工，家中的门窗桌椅，无一不出自他手，且件件精美绝伦。每当夕阳西下，他总会坐在自家门前，一边抽着旱烟，一边与过往的邻里谈笑风生。户叔说："人生在世，户为家之根本，只有家的温暖，才能抵御世间的风雨。"

一年夏天，海鸥镇迎来了一场前所未有的风暴。狂风肆虐，海浪滔天，整个小镇仿佛要被吞噬一般。在这危急关头，尸伯与户叔不约而同地站了出来。

尸伯凭借对古籍的深刻理解，带领镇上的青壮年，利用地形优势，堆砌沙袋，加固房屋，有效地减少了风暴对小镇的破坏。而户叔，则凭借自己精湛的木工技艺，连夜赶制了一批简易的木筏，确保了在风暴中失去家园的人们能够安全转移。

风暴过后，海鸥镇虽然受损严重，但在两位老人的带领下，镇民们团结一心，迅速重建了家园。而尸伯与户叔，也在这场灾难中找到了彼此间的共鸣。尸伯意识到，生死轮回虽为自然法则，但人与人之间的温情与互助，却能超越生死，赋予生命更深刻的意义。户叔也明白，家的温暖固然重要，但更珍贵的是那份在危难时刻，能够携手共渡难关的邻里之情。

从此，海鸥镇的海鸥依旧飞翔，而尸伯与户叔的故事，也成为了小镇上流传最广的佳话。人们说，尸伯的沉稳与户叔的热情，就像那飞翔的海鸥，一静一动，共同绘就了海鸥镇最美丽的风景。而"尸与户"，这两个看似毫无关联的字眼，也在海鸥镇的历史长河中，被赋予了新的含义与生命。

第四章：核桃（氵与冫：水润与冰封）

在华夏的广袤大地上，有一片被群山环抱的古老村落，名为核桃村。这里因盛产皮薄肉厚的核桃而闻名遐迩，每年的核桃丰收季节，整个村庄都弥漫着浓郁的果香。然而，核桃村的名字背后，还隐藏着一段关于"氵"（水）与"冫"（冰）的传奇故事。

故事发生在很久以前，核桃村旁有一条清澈见底的小溪，溪水潺潺，滋养着村庄的每一寸土地。村民们世代以种植核桃为生，他们利用溪水灌溉农田，使得核桃树茁壮成长，果实累累。这条小溪，便是"氵"的象征，它给核桃村带来了无尽的生机与活力。

然而，有一年冬天，一场前所未有的严寒席卷了核桃村。小溪的水面渐渐结冰，厚厚的冰层仿佛一道无形的屏障，将村庄与外界隔绝开来。核桃树也遭受了重创，许多枝条被冰雪压断，原本繁茂的树冠变得光秃秃的，村民们忧心忡忡，担心这一年的收成会化为泡影。

就在这时，核桃村里出现了一位名叫水儿的姑娘。她聪明伶俐，心地善良，对村庄的核桃树有着深厚的感情。水儿看到核桃树在严寒中挣扎，心中充满了不忍。她决定利用自己的智慧，帮助核桃树度过难关。

水儿发现，虽然小溪的水面结冰，但冰层下的水流依然潺潺。她决定在核桃树周围挖掘一些小水坑，让冰层下的水流能够渗透出来，滋润核桃树的根部。同时，她还利用冰块制作了一种特殊的保温层，覆盖在核桃树的枝干上，以防止冰雪对树木造成进一步的伤害。

经过水儿的努力，核桃树逐渐恢复了生机。春天来临时，冰雪消融，小溪再次流淌，核桃树也抽出了嫩绿的新芽。村民们惊喜地发现，尽管经历了严寒的考验，但今年的核桃产量不仅没有减少，反而更加丰硕。

核桃村因此度过了一场危机，村民们对水儿充满了感激之情。他们将水儿的智慧与勇气传颂开来，将这段经历编成了故事，代代相传。而核桃村的名字，也因为这段传奇故事而更加响亮。

从此，核桃村的人们更加珍惜水资源，他们深知"氵"与"冫"之间的微妙关系——水润万物，使生命得以繁衍；而冰封则是对生命的考验，只有经历严寒的洗礼，才能更加坚韧不拔。核桃村的人们用自己的行动诠释了"氵与冫"的深刻含义，他们与自然和谐共处，共同书写着属于核桃村的传奇篇章。

第五章：枸杞（斤与斥：权衡与责备）

在华夏的广袤大地上，有一片肥沃的土地，名为杞乡。这里盛产一种名贵的中药材——枸杞，其色泽鲜红，味道甘甜，具有滋补养生的功效，深受人们的喜爱。然而，杞乡的名字背后，却隐藏着一段关于"斤"（权衡）与"斥"（责备）的深刻故事。

故事发生在很久以前，杞乡住着两位性格迥异的青年，一位名叫斤诚，另一位名叫斥非。斤诚是一位勤劳的农夫，他擅长种植枸杞，对每一株枸杞都倾注了无尽的心血。斤诚做事总是斤斤计较，但这里的"斤斤计较"并非贬义，而是指他对枸杞的种植、采摘、晾晒等每一个环节都严格把控，力求做到最好。他相信，只有用心权衡每一个细节，才能种出品质上乘的枸杞。

而斥非，则是一位正直的青年，他善于观察，敢于直言不讳。斥非对杞乡的枸杞产业也充满了热情，但他更关注的是枸杞市场的公平与正义。每当发现有商家以次充好，欺骗消费者时，斥非总会毫不留情地站出来，大声斥责，维护杞乡枸杞的声誉。他的"斥"，是对不诚信行为的严厉责备，也是对枸杞产业健康发展的坚定守护。

有一年，杞乡遭遇了前所未有的干旱，枸杞的生长受到了严重影响。许多农户为了眼前的利益，开始采摘未成熟的枸杞，以次充好，企图在市场上赚取更多的利润。这一行为严重损害了杞乡枸杞的声誉，也让斤诚和斥非深感痛心。

斤诚看到这一幕，心中充满了焦虑。他深知，枸杞的品质是杞乡的命脉，一旦声誉受损，将难以挽回。于是，他决定亲自下田，指导农户们如何科学种植，如何精准灌溉，以确保枸杞的品质不受影响。斤诚用自己的行动诠释了"斤"的真谛，他相信，只有用心权衡，才能收获真正的成功。

而斥非，则选择了另一种方式。他组织了一支志愿者队伍，深入市场，对以次充好的枸杞进行严厉打击。同时，他还利用自己的影响力，在社交媒体上发声，呼吁消费者关注枸杞的品质，共同维护杞乡枸杞的声誉。斥非的"斥"，是对不诚信行为的严厉责备，也是对杞乡枸杞品质的坚定守护。

在斤诚和斥非的共同努力下，杞乡的枸杞产业逐渐恢复了生机。农户们开始重视枸杞的品质，市场上也再难见到以次充好的现象。杞乡的枸杞再次赢得了消费者的信赖和喜爱，成为了华夏大地上的一张亮丽名片。

从此，杞乡的人们更加珍惜"斤"与"斥"的深刻含义。他们明白，无论是权衡每一个细节，还是责备不诚信行为，都是为了守护杞乡枸杞的声誉，让这份珍贵的中药材能够惠及更多的人。杞乡的故事，也成为了华夏大地上一段关于"斤与斥"的佳话，激励着后人不断前行，追求卓越。

第六章：竹林幽（巴与把：期盼与把握）

在华夏的东南一隅，有一片翠绿欲滴的竹林，名为幽竹谷。这里竹影婆娑，清风徐来，仿佛人间仙境。然而，幽竹谷的名字背后，却隐藏着一段关于"巴"（期盼）与"把"（把握）的动人故事。

故事发生在很久以前，幽竹谷里住着两位青年，一位名叫巴望，另一位名叫把握。巴望性格温和，心地善良，他总是对未来充满期待，相信通过自己的努力，能够实现心中的梦想。而把握，则是一位机智勇敢的青年，他善于观察，懂得把握时机，总能在关键时刻做出正确的选择。

巴望和把握自小便在幽竹谷中长大，他们一起学习武艺，一起探索竹林的奥秘。巴望对竹林中的每一株竹子都充满了感情，他常常站在竹林深处，遥望着远方，心中充满了对外面世界的向往。而把握，则更喜欢在竹林间穿梭，寻找那些最坚韧、最挺拔的竹子，他相信，这些竹子能够成为他未来道路上的坚强后盾。

有一年，幽竹谷遭遇了前所未有的虫害，大片的竹子被啃噬得面目全非。村民们忧心忡忡，担心竹林会就此毁灭。巴望看到这一幕，心中充满了焦急与期盼。他坚信，只要大家齐心协力，一定能够战胜虫害，恢复竹林的生机。于是，巴望带领着村民们，夜以继日地忙碌在竹林间，他们喷洒药水，清除虫卵，终于将虫害控制在了最小范围内。

而把握，则在这个关键时刻展现出了他的智慧与勇气。他发现，那些被虫害侵袭的竹子，虽然外表受损，但根部依然坚韧有力。把握决定，将这些竹子砍伐下来，制作成竹简，记录下幽竹谷的历史与传说，让这份珍贵的文化遗产得以传承。同时，他还利用竹子的韧性，制作了一系列竹制工具，帮助村民们更加高效地治理虫害，恢复竹林。

在巴望与把握的共同努力下，幽竹谷终于度过了这场危机。竹林再次焕发了生机，绿意盎然，清风拂面。村民们感激不尽，纷纷称赞巴望的期盼与把握的智慧。他们明白，无论是巴望对未来的期盼，还是把握对时机的把握，都是幽竹谷能够战胜困难、走向繁荣的重要力量。

从此，幽竹谷的人们更加珍惜"巴与把"的深刻含义。他们知道，期盼是前进的动力，而把握则是实现梦想的关键。在幽竹谷的每一株竹子中，都蕴含着"巴与把"的智慧与力量，激励着后人不断前行，追求更加美好的未来。

这段关于"巴与把"的故事，也成为了幽竹谷中一段美丽的传说，代代相传，激励着后人勇敢面对困难，珍惜每一个机遇，把握自己的命运。

第七章：千岛湖（休与修：休憩与修行）

在中国东南部的青山绿水间，有一片碧波荡漾的湖泊，名为千岛湖。这里岛屿星罗棋布，湖水清澈见底，宛如一幅动人的山水画卷。然而，千岛湖的名字背后，却隐藏着一段关于"休"（休憩）与"修"（修行）的传奇故事。

故事发生在很久以前，千岛湖畔住着两位性格迥异的青年，一位名叫休逸，另一位名叫修远。休逸性格洒脱，热爱自然，他喜欢在千岛湖的碧波上泛舟，享受大自然的宁静与美好。每当夕阳西下，他便会在湖中的小岛上搭起帐篷，聆听湖水轻拍岸边的声音，感受大自然的呼吸，这是他心中最纯粹的休憩时光。

而修远，则是一位对生命有着深刻思考的青年。他相信，人生不仅仅是为了生存，更是为了修行，为了探寻内心的真谛。修远常常独自一人，在千岛湖的岛屿间穿梭，寻找那些被世人遗忘的古迹，从中汲取智慧与力量。他会在岛上的山洞中静坐冥想，与山川对话，与日月同辉，通过修行来提升自己的精神境界。

有一年，千岛湖遭遇了前所未有的干旱，湖水日渐干涸，岛屿上的生灵也面临着生存的危机。休逸看到这一幕，心中充满了忧虑。他意识到，仅仅依靠自然的馈赠是不够的，必须采取行动来保护这片美丽的湖泊。于是，休逸开始组织村民们，一起修建水利工程，从远处的河流中引水入湖，缓解干旱带来的困境。他的行动赢得了村民们的支持与赞赏，大家齐心协力，共同守护着千岛湖的美丽与宁静。

而修远，则在这个关键时刻展现出了他的智慧与慈悲。他深知，真正的修行不仅仅是对自己内心的探索，更是对世间万物的关怀与爱护。修远决定，利用自己的修行经验，为村民们提供精神上的支持与引导。他在岛上开设了学堂，教授村民们如何与自然和谐相处，如何通过内心的修行来提升生活的品质。修远的学堂吸引了众多村民前来学习，大家在这里找到了心灵的慰藉与力量。

在休逸与修远的共同努力下，千岛湖终于度过了这场危机。湖水再次恢复了往日的清澈与丰盈，岛屿上的生灵也重新焕发了生机。村民们感激不尽，纷纷称赞休逸的勇敢与修远的智慧。他们明白，无论是休逸的休憩与劳作，还是修远的修行与教导，都是千岛湖能够度过难关、重现生机的重要力量。

从此，千岛湖的人们更加珍惜"休与修"的深刻含义。他们知道，休憩是为了更好地前行，而修行则是为了探寻生命的真谛。在千岛湖的碧波与岛屿间，蕴含着"休与修"的智慧与力量，激励着后人不断前行，追求更加美好的生活。

这段关于"休与修"的故事，也成为了千岛湖上一道美丽的风景线，代代相传，激励着后人珍惜自然，勇于担当，通过修行与休憩来提升自己的精神境界与生活品质。

第八章：洞庭湖（伐与代：砍伐与替代）

在中国辽阔的南方，有一片浩渺无垠的湖泊，名为洞庭湖。这里水天一色，渔舟唱晚，自古以来便是文人墨客笔下描绘的仙境。然而，洞庭湖的名字背后，却隐藏着一段关于"伐"（砍伐）与"代"（替代）的深刻故事。

故事发生在很久以前，洞庭湖畔生活着两个部落，一个部落以伐木为生，他们擅长砍伐湖边的树木，用以建造房屋、制作船只，生活富足而安宁。这个部落的首领名叫伐林，他身材魁梧，力大无穷，是部落中最出色的伐木工。伐林坚信，只有不断砍伐，才能为部落带来更多的财富与繁荣。

而另一个部落，则善于寻找自然的替代物，他们利用洞庭湖丰富的水草资源，编织渔网，养殖鱼虾，生活同样富足而和谐。这个部落的首领名叫代草，他智慧过人，善于观察自然，总能找到最适合部落生存的方式。代草认为，与自然和谐共生，才是部落长久发展的根本。

随着时间的推移，两个部落的生活方式逐渐产生了冲突。伐林带领的部落不断砍伐湖边的树木，导致水土流失，洞庭湖的水位逐年下降，生态环境受到了严重破坏。而代草带领的部落，虽然生活富足，但也开始感受到生态环境恶化带来的压力。

面对这一困境，伐林与代草决定进行一次会面，共同探讨解决之道。在洞庭湖畔的一片草地上，两位首领坐在一起，坦诚地交流着彼此的想法。伐林首先发言，他承认砍伐树木确实对生态环境造成了破坏，但表示部落的生存与发展同样重要，希望找到一种既能保护生态又能维持部落生活的办法。

代草听后，沉思片刻，然后提出了一个大胆的想法。他建议伐林的部落放弃砍伐树木，转而学习编织渔网和养殖鱼虾的技术，与代草的部落一起，共同利用洞庭湖的资源，实现生态与经济的双赢。同时，代草还提出，可以在湖边种植一些能够快速生长的树木，作为砍伐后的替代物，既保护了生态，又满足了部落的生活需求。

伐林被代草的诚意与智慧所打动，他意识到，只有与自然和谐共生，才能实现部落的长久发展。于是，两个部落开始携手合作，共同修复洞庭湖的生态环境。伐林的部落放弃了砍伐树木，转而学习渔业技术，而代草的部落则分享了他们的编织与养殖经验。在大家的共同努力下，洞庭湖的水位逐渐回升，生态环境得到了显著改善。

从此，洞庭湖再次焕发了生机，湖水清澈，鱼虾成群，两个部落的人民在这片美丽的湖泊上，过上了和谐富足的生活。他们深刻体会到了"伐与代"的深刻含义，明白了与自然和谐共生的重要性。洞庭湖的故事，也成为了后人传颂的佳话，激励着人们珍惜自然资源，追求可持续发展。

这段关于"伐与代"的故事，不仅展现了人与自然和谐共生的智慧，也提醒我们，在面对生态环境问题时，需要寻找替代方案，实现经济发展与生态保护的双重目标。

第九章：瓢虫（氐与互：低微与互助）

在中国广袤的田野间，有一种小巧玲珑的昆虫，名为瓢虫。它们身披鲜艳的甲壳，如同自然界中的小宝石，点缀着绿色的田野。然而，瓢虫的世界里，却隐藏着一段关于"氐"（低微）与"互"（互助）的动人故事。

故事发生在一片丰收的麦田里，这里生活着许多瓢虫，它们有的身披红甲，有的身着黄衣，形态各异，却都拥有着共同的目标——保护这片麦田免受害虫的侵袭。在这片麦田中，有两只特别的瓢虫，一只名叫氐微，另一只名叫互助。

氐微是一只体型较小的瓢虫，它的甲壳颜色较淡，身体也相对瘦弱。在瓢虫的世界里，氐微常常因为自己的弱小而感到自卑，它觉得自己无法像其他瓢虫那样有效地保护麦田。每当看到其他瓢虫在田间飞舞，捕食害虫时，氐微总是默默地躲在麦叶的背面，不敢上前。

而互助，则是一只体型健壮、甲壳鲜亮的瓢虫。它不仅拥有出色的捕食能力，还乐于助人，总是愿意帮助其他瓢虫解决困难。互助注意到了氐微的困境，它决定伸出援手，帮助氐微走出自卑的阴影。

一天，互助找到了氐微，对它说："氐微，不要因为自己的弱小而感到自卑。我们每只瓢虫都有自己的使命和价值，只要我们团结一心，互相帮助，就能共同守护这片麦田。"互助的话如同一束温暖的阳光，照亮了氐微心中的阴霾。

从那天起，互助开始带着氐微一起捕食害虫，教它如何识别害虫，如何快速捕食。在互助的帮助下，氐微逐渐掌握了捕食的技巧，也变得更加自信。它不再躲在麦叶的背面，而是勇敢地与其他瓢虫一起，在田间飞舞，保护着这片麦田。

随着时间的推移，氐微和互助成为了无话不谈的好朋友。它们不仅在捕食害虫时互相帮助，还在生活中相互关心，共同面对困难。每当有瓢虫遇到困难时，它们总是第一个伸出援手，用自己的行动诠释着"互助"的真谛。

在氏微和互助的带领下，麦田里的瓢虫们变得更加团结，它们共同抵御害虫的侵袭，守护着这片丰收的田野。麦田的主人看着这片生机勃勃的田野，心中充满了感激。他明白，这一切都离不开氏微和互助以及其他瓢虫的共同努力。

从此，瓢虫的故事在田野间传颂开来，人们纷纷称赞氏微的勇敢与互助的无私。它们用自己的经历告诉人们，即使身处低微，只要心怀希望，勇于互助，就能创造出属于自己的辉煌。

这段关于"氏与互"的故事，不仅展现了瓢虫世界的奇妙与和谐，更寓意着在人生的道路上，无论遇到多大的困难，只要我们心怀希望，勇于互助，就能克服一切，实现自己的梦想。

第十章：火龙果花（芒与盲：光芒与盲目）

在中国南方的热带雨林中，有一种奇特的植物，名为火龙果。它的花朵硕大无比，夜间绽放，散发着淡淡的荧光，如同夜空中最亮的星，照亮了雨林的一角。然而，在这片生机勃勃的雨林里，却隐藏着一段关于"芒"（光芒）与"盲"（盲目）的深刻故事。

故事的主角是一朵火龙果花，名叫芒光。芒光生长在雨林的最深处，它的花朵异常美丽，每当夜幕降临，便会散发出耀眼的光芒，吸引着无数的昆虫前来授粉。芒光不仅外表出众，内心也充满了对生活的热爱与对光明的追求。它相信，只要心中有光，就能照亮前行的道路。

然而，在芒光的旁边，却生长着另一朵火龙果花，名叫盲花。盲花与芒光截然不同，它的花朵虽然同样美丽，但却无法在夜晚发光。盲花因为自己的缺陷而感到自卑，它总是羡慕芒光那耀眼的光芒，却从未想过自己也有独特的价值。

一天，一群探险家走进了这片雨林，他们被芒光那耀眼的光芒所吸引，纷纷驻足欣赏。芒光在人们的赞美声中更加自信，它用自己的光芒照亮了雨林的每一个角落，成为了雨林中的一道亮丽风景线。而盲花，则默默地躲在芒光的阴影下，羡慕而又无奈。

然而，命运总是充满了转折。一天夜里，一场突如其来的暴风雨袭击了雨林，许多植物都受到了重创。芒光因为光芒过于耀眼，吸引了更多的雷电，它的花朵被雷电击中，瞬间失去了光芒，变得黯淡无光。而盲花，虽然无法发光，却因为生长在雨林的深处，躲过了这场灾难，依然保持着完好的花朵。

失去了光芒的芒光，心中充满了失落与迷茫。它开始怀疑自己的价值，觉得自己再也无法照亮前行的道路。就在这时，盲花走了过来，它用自己的话语安慰着芒光："芒光，你曾经的光芒照亮了无数人的心灵，你的价值不仅仅在于发光。即使现在失去了光芒，你依然是一朵美丽的火龙果花，依然有着自己独特的魅力。"

盲花的话如同一束温暖的阳光，照亮了芒光心中的阴霾。芒光开始重新审视自己，它发现，虽然自己失去了光芒，但依然拥有着坚韧的生命力，依然能够吸引着昆虫前来授粉，为雨林的生态做出贡献。

从此，芒光和盲花成为了无话不谈的好朋友。它们一起面对风雨，一起分享快乐。芒光用自己的经历告诉盲花，真正的光芒不仅仅来源于外表，更来源于内心的坚定与自信。而盲花也让芒光明白，每个人都有自己的独特之处，无需羡慕他人，只需珍惜自己。

这段关于"芒与盲"的故事，不仅展现了火龙果花的美丽与坚韧，更寓意着在人生的道路上，我们无需盲目追求他人的光芒，只需珍惜自己的独特之处，用自己的方式照亮前行的道路。

第十一章：椰子汁（颈与经：脖颈与经络）

在中国南海的热带岛屿上，生长着一种神奇的植物——椰子树。椰子树高大挺拔，叶片如扇，果实硕大，里面装满了甘甜的椰子汁，是岛上居民们喜爱的天然饮品。然而，在椰子树的背后，却隐藏着一段关于"颈"（脖颈）与"经"（经络）的动人故事。

故事的主人公是一位名叫阿颈的年轻渔民，他拥有一副强健的体魄，尤其是那粗壮的脖颈，如同椰子树干一般坚实。阿颈每天驾驶着小船，在碧波荡漾的海面上捕鱼，生活虽然辛苦，但充满了乐趣。他热爱这片海洋，更热爱从椰子树上摘下的新鲜椰子汁，那清甜的味道总能驱散他一天的疲惫。

然而，阿颈的生活并非一帆风顺。一次出海捕鱼时，他不慎被海浪卷走，虽然最终幸运地被救回，但颈部却受了重伤，经络受损，导致他无法再像从前那样自由地活动脖颈。阿颈痛苦不已，他担心自己再也无法回到热爱的大海，再也无法品尝到那甘甜的椰子汁。

在阿颈最失落的时候，岛上的老人们告诉他，人体的经络如同椰子树的枝干，虽然看似脆弱，但只要得到适当的滋养与修复，就能重新焕发生机。老人们建议阿颈尝试用岛上的草药敷在受伤的脖颈上，同时坚持做一些轻柔的颈部锻炼，以促进经络的恢复。

阿颈听从了老人们的建议，开始了一段艰难的康复之路。他每天用草药敷在脖颈上，感受着草药带来的丝丝凉意，仿佛能渗透到经络深处，修复着受损的组织。同时，他还坚持做一些轻柔的颈部锻炼，虽然每次锻炼都让他疼痛难忍，但他始终没有放弃。

随着时间的推移，阿颈的脖颈逐渐恢复了活力，经络也重新畅通无阻。他又能像从前那样自由地活动脖颈了，更重要的是，他重新找回了对生活的热爱与信心。他再次驾驶着小船出海捕鱼，每当夕阳西下，他都会摘下一个椰子，用锋利的刀尖在椰壳上戳一个小孔，将甘甜的椰子汁一饮而尽，那一刻，他仿佛能感受到生命的力量在全身涌动。

阿颈的故事在岛上流传开来，成为了人们口耳相传的佳话。他用自己的经历告诉人们，无论是人体的经络还是生活的道路，都会遇到挫折与困难，但只要我们不放弃希望，坚持努力，就一定能找到通往光明的道路。

这段关于"颈与经"的故事，不仅展现了椰子汁的甘甜与神奇，更寓意着在人生的道路上，我们需要珍惜自己的身体，勇敢面对困难，用坚定的信念和不懈的努力，去修复那些受损的"经络"，让生命之树重新焕发生机。

第十二章：海豚跃（曰与日：言说与时光）

在浩瀚无垠的蓝色大海中，生活着一群智慧而优雅的生物——海豚。它们身姿矫健，跃出水面时如同一道银色的闪电，划破海面的宁静，留下一道美丽的弧线。然而，在这片广阔的海域里，却隐藏着一段关于"曰"（言说）与"日"（时光）的传奇故事。

故事的主角是一只名叫曰跃的海豚，它不仅拥有超乎寻常的智慧，还拥有一副能够发出悦耳声音的喉咙。每当夜幕降临，海面平静如镜，曰跃便会跃出水面，用它那悠扬的歌声与大海对话，仿佛在诉说着对生命的热爱与对自由的向往。它的歌声如同天籁之音，让周围的海豚们陶醉其中，连海浪都似乎变得温柔起来。

然而，曰跃并不满足于仅仅用歌声来表达自己的情感。它深知，生命是短暂的，时光如梭，每一天都在悄无声息地流逝。于是，它开始尝试用各种方式记录下自己的所见所闻，用"曰"（言说）的方式，将每一天的经历与感悟传递给同伴们。

曰跃会在海边的礁石上刻下简单的符号，记录下海豚群迁徙的路线、找到美食的地点，甚至是与人类相遇的有趣经历。这些符号虽然简单，但却蕴含着丰富的信息，成为了海豚们共享的"知识宝库"。曰跃还会通过特殊的叫声，将信息传递给远处的同伴，让它们也能分享到这些宝贵的经验。

然而，随着时光的流逝，曰跃发现，即便它再努力，也无法阻止时间的流逝。那些刻在礁石上的符号，在风雨的侵蚀下逐渐模糊；那些通过叫声传递的信息，也随着距离的增远而变得越来越模糊。曰跃开始意识到，"曰"（言说）虽然能够传递信息，但终究无法永久地留住时光。

就在这时，曰跃发现了一种新的方式，那就是通过"日"（时光）的见证，将生命的故事镌刻在海豚的记忆中。它开始组织海豚群，进行各种有趣的活动，如跃出水面比赛、合作捕食等，这些活动不仅锻炼了海豚们的身体，更增进了它们之间的友谊与默契。每一次成功的合作，每一次欢笑的瞬间，都成为了海豚们心中永恒的记忆。

曰跃用自己的方式，让海豚群的生活变得更加丰富多彩。它明白，虽然"曰"（言说）无法永久地留住时光，但"日"（时光）却能在每一个海豚的心中留下深刻的印记。这些印记，就像是海豚们共同的"时光日记"，记录着它们生命中的每一个精彩瞬间。

这段关于"曰与日"的故事，不仅展现了海豚的智慧与优雅，更寓意着在人生的道路上，我们需要珍惜每一个当下，用"曰"（言说）的方式传递爱与智慧，同时，也要用"日"（时光）的见证，将生命的故事镌刻在心中，成为永恒的回忆。

第十三章：茶馆桌（日与目）

在古老的小镇上，有一家历史悠久的茶馆，名为"悠然居"。这家茶馆不仅是镇上人们休闲聊天的好去处，更藏着许多不为人知的故事。茶馆中央摆放着一张年代久远的木桌，这张桌子见证了无数日升月落，人来人往。

故事发生在某个晴朗的午后，阳光透过窗棂，斑驳地洒在茶馆内的每一个角落。这时，两位老者缓缓步入悠然居，他们是镇上著名的学者，李老夫子和王老夫子。两人平日里就喜欢在这茶馆里品茶论道，探讨古今。

"李兄，你看今日这阳光，真是明媚极了。"王老夫子指着窗外，眼中闪烁着光芒，仿佛那阳光也照进了他的心里。

李老夫子微微一笑，抿了一口手中的茶，缓缓说道："是啊，王兄，这'日'字，正如同此刻窗外的景象，代表着光明与希望。你看那太阳，每日东升西落，从不间断，给予我们温暖和力量。"

王老夫子点头赞同，却又话锋一转："不过，说到'日'，我倒想起另一个字来——'目'。二字字形相近，意义却大相径庭。'目'乃眼睛之意，是观察世界、感知万物的窗口。没有了眼睛，即便是再明媚的阳光，也无法真正感受到它的美好。"

李老夫子闻言，沉思片刻，然后说道："王兄所言极是。二字虽只一笔之差，却蕴含着深刻的哲理。'日'是外在的光明，而'目'则是内在的感受。就如同这茶馆，有了阳光（日）的照耀，显得生机勃勃；但更需要我们用眼睛（目）去发现、去欣赏这里的每一处细节，才能真正体会到茶馆的韵味。"

两人说着，目光不约而同地落在了那张见证岁月的木桌上。桌上摆放着几样简单的茶具，每一把壶、每一个杯都似乎在诉说着过往的故事。阳光透过茶叶的缝隙，投射出斑驳的影子，宛如一幅动人的画卷。

"是啊，李兄，无论是'日'还是'目'，都是生活中不可或缺的部分。"王老夫子感慨道，"'日'给予我们光明，'目'让我们感知世界。二者相辅相成，共同构成了我们丰富多彩的生活。"

就这样，两位老者在茶馆中一边品茶，一边畅谈着关于"日"与"目"的哲学思考。他们的故事，也随着茶香飘散在茶馆的每一个角落，成为了镇上人们口耳相传的佳话。

从此，悠然居的这张茶馆桌，不仅见证了岁月的流转，更承载了人们对"日"与"目"深刻理解的记忆。每当阳光洒落，人们总会想起那个午后，两位老者智慧的对话，以及他们眼中闪烁着的光芒。

第十四章：牡丹花（午与牛）

在古老的洛阳城中，有一片盛开的牡丹花园，名为"芳华园"。每到春暖花开之时，芳华园内的牡丹竞相绽放，绚烂夺目，吸引了无数文人墨客前来观赏。在这片花海中，流传着一个关于"午"与"牛"的动人故事。

故事发生在唐朝年间，洛阳城外的一个小村庄里，住着一位勤劳善良的青年，名叫阿午。阿午家境贫寒，但他拥有一颗金子般的心，对待邻里总是和颜悦色，乐于助人。村中有一头老黄牛，是村民们共同的财产，平日里负责耕种，是大家心中的宝贝。

阿午与这头老黄牛有着不解之缘。每当农忙时节，阿午总是最早起床，细心照料黄牛，为它准备充足的草料和水。黄牛也似乎懂得阿午的善意，干活时总是格外卖力，帮助村民们完成了许多繁重的农活。

一年春天，芳华园的牡丹花提前绽放，消息传遍了整个洛阳城。村民们纷纷议论，说这是上天赐予的吉兆，预示着今年将是一个丰收之年。阿午听后，心中暗自许愿，希望黄牛能健康长寿，与大家一起享受这美好的时光。

然而，好景不长，一场突如其来的瘟疫席卷了村庄，许多牲畜都染病身亡。村民们心急如焚，担心黄牛也难以幸免。阿午更是心急如焚，他日夜守在黄牛身边，为它熬制药汤，悉心照料。在他的不懈努力下，黄牛终于战胜了病魔，恢复了往日的活力。

为了感谢阿午的救命之恩，黄牛在一天正午时分，带着阿午来到了芳华园深处的一片隐蔽之地。这里生长着一株罕见的牡丹，花朵硕大，色彩鲜艳，散发着淡淡的清香。黄牛用鼻子轻轻触碰牡丹花，仿佛在告诉阿午，这是上天对他的奖赏。

阿午看着眼前的牡丹，心中涌起一股暖流。他意识到，这不仅仅是一朵美丽的花，更是他与黄牛之间深厚情谊的见证。于是，他将这朵牡丹命名为"午牛花"，寓意着正午的阳光与勤劳的黄牛共同守护着这片土地和人们的幸福。

从此，芳华园中的"午牛花"成为了村民们心中的圣花，每当春暖花开之时，人们都会聚集在这里，讲述阿午与黄牛的故事，感受那份纯真与善良的力量。而阿午与黄牛之间的深厚情谊，也成为了洛阳城中流传千古的佳话。

这个故事不仅讲述了"午"与"牛"之间的奇妙联系，更传递了勤劳、善良与感恩的美好品质。每当人们提起"午牛花"，都会想起阿午与黄牛之间那段感人至深的故事，以及它带给人们的无限温暖与希望。

第十五章：桂花糕甜（火与灭）

在江南水乡的一个小镇上，有一家传承了数百年的老字号糕点铺，名叫"甜蜜轩"。这家糕点铺以制作桂花糕而闻名遐迩，每年金秋时节，桂花飘香，便是"甜蜜轩"最为忙碌的时候。桂花糕的制作技艺复杂，其中最为关键的一步便是火候的掌握，这直接关系到糕点的口感与品质。

故事的主人公是"甜蜜轩"的第三代传人，名叫阿火。阿火自幼便跟随父亲学习制作桂花糕，他对糕点制作有着浓厚的兴趣与天赋，尤其是对火候的掌握，更是达到了炉火纯青的地步。每当他站在炉火旁，手中翻动着锅铲，那份专注与热情，就如同他名字中的"火"字一般，炽热而明亮。

然而，好景不长，一场突如其来的灾难打破了小镇的宁静。一个秋日的傍晚，一阵突如其来的狂风卷起了路边的干草堆，火星四溅，瞬间点燃了"甜蜜轩"的厨房。火势迅速蔓延，整个糕点铺陷入了熊熊大火之中。阿火见状，心急如焚，他拼尽全力抢救着店里的设备和原料，但火势太大，许多东西都被吞噬在了火海之中。

就在阿火几乎绝望之际，他想起了父亲曾教给他的一个秘密——如何用"灭"之法来扑灭火灾。原来，在糕点制作中，除了掌握火候，还需要懂得如何"灭火"，即在关键时刻，通过调整温度、湿度等条件，使糕点达到最佳的口感。同样，面对火灾，阿火迅速冷静下来，他找到水源，组织村民们一起灭火，同时利用厨房里的沙土等物品，有效地隔绝了火势的蔓延。

经过一番艰苦的努力，火势终于被控制住了，但"甜蜜轩"却已面目全非。阿火站在废墟之上，心中五味杂陈。然而，他没有被灾难击垮，而是决定重建糕点铺，继续传承家族的桂花糕制作技艺。

在重建的过程中，阿火更加深刻地体会到了"火与灭"的哲理。火，代表着热情与希望，是制作桂花糕不可或缺的力量；而灭，则象征着冷静与智慧，是在危难时刻拯救一切的关键。他意识到，只有在热情与智慧之间找到平衡，才能在糕点制作和生活中走得更远。

经过数月的努力，"甜蜜轩"终于焕然一新，重新开业。阿火制作的桂花糕，依旧香甜可口，吸引了无数食客前来品尝。而他也成为了小镇上人人称颂的英雄，不仅因为他在火灾中的英勇表现，更因为他那份对糕点制作技艺的执着与热爱。

从此，"甜蜜轩"的桂花糕，不仅是一道美味的糕点，更成为了"火与灭"哲理的生动体现，讲述着阿火与小镇人们共同经历的风雨与阳光，以及那份永不言败的精神力量。

第十六章：丝绸柔软（方与万）

在古老的江南水乡，有一座以丝绸闻名的小镇，名为"锦绣镇"。这里的丝绸质地柔软，光泽细腻，被誉为"天下一绝"。小镇上，有两家世代相传的丝绸织造坊，一家名为"方正坊"，另一家则叫做"万缕阁"。两家织造坊虽然都以制作丝绸为生，但它们的经营理念和织造技艺却截然不同，恰如"方"与"万"二字所蕴含的深意。

"方正坊"的主人姓方，他性格刚正不阿，做事讲究规矩方圆。在织造丝绸时，他坚持使用最传统的技艺，每一道工序都力求精准无误。他相信，只有遵循古法，才能织出真正的好丝绸。因此，"方正坊"的丝绸虽然产量不高，但每一件都是精品，深受贵族和文人墨客的喜爱。

而"万缕阁"的主人则姓万，他性格豁达，善于变通。在织造丝绸时，他并不拘泥于传统，而是勇于创新，尝试将各种新的技术和材料融入丝绸中。他相信，丝绸不仅仅是一种衣物材料，更是一种文化和艺术的载体。因此，"万缕阁"的丝绸种类繁多，色彩斑斓，既有传统的典雅之美，又不失现代的创新气息。

有一年，小镇迎来了一位尊贵的客人——皇宫中的织造大师。这位大师听闻"方正坊"和"万缕阁"的大名，特意前来考察，希望为皇宫挑选最优质的丝绸。

在"方正坊"，大师看到了那些严格按照古法织造的丝绸，每一匹都如同艺术品般精致。他赞叹不已，但心中却隐隐觉得这些丝绸虽然完美，却似乎缺少了些许灵动与变化。

随后，大师来到了"万缕阁"。在这里，他被眼前琳琅满目的丝绸所吸引。有的丝绸上绣着精美的图案，有的则融入了金银线，闪烁着耀眼的光芒。更重要的是，这些丝绸在保持传统美感的同时，还融入了新的元素和创意，让人眼前一亮。

大师感慨万千，对"方正坊"和"万缕阁"的主人说道："'方正'与'万缕'，虽一字之差，却代表了两种截然不同的风格和理念。你们各自坚守着自己的道路，织造出了各具特色的丝绸。这正是丝绸文化的魅力所在——它既需要传统的根基，又需要不断的创新与发展。"

最终，大师决定从两家织造坊中各挑选一些丝绸带回皇宫。他相信，这些丝绸将为皇宫的服饰和装饰增添更多的色彩与活力。

从此，"方正坊"和"万缕阁"成为了小镇上两颗璀璨的明珠，它们各自绽放着独特的光芒，共同书写着丝绸文化的辉煌篇章。而"方"与"万"的哲理，也如同丝绸一般，柔软而坚韧，成为了小镇人们心中永恒的信仰与追求。

第十七章：柳絮飞扬（且与目）

在江南的一个古老小镇，春风拂过，柳絮飞扬，如同一片片轻盈的雪花，在空中翩翩起舞。这个小镇上，住着两位性格迥异的青年，一位名叫且行，另一位则名为目远。他们的名字，恰如"且"与"目"二字所蕴含的深意，一个注重行动与过程，一个则擅长观察与远见。

且行，是个性格爽朗、热爱自由的青年。他热爱大自然，喜欢漫步在小镇的每一个角落，感受春风拂面，欣赏柳絮飞扬的美景。对他而言，生活就像是一场旅行，重要的不是目的地，而是沿途的风景和内心的体验。每当柳絮飘飞的时候，且行总会拿起画笔，将眼前的美景定格在画布上，用色彩和线条记录下每一个动人的瞬间。

而目远，则是个性格沉稳、善于思考的青年。他有着一双敏锐的眼睛，总能在平凡的事物中发现不平凡之处。目远喜欢站在高处，静静地观察着小镇的一切，从柳絮的飘落到人们的日常，他都尽收眼底。他相信，通过观察与思考，可以洞察世界的本质，预见未来的变化。每当柳絮飞扬的时候，目远总会拿起纸笔，记录下自己的所见所感，用文字描绘出一幅幅生动的画面。

一年春天，且行和目远相约在小镇的柳树下，共同欣赏柳絮飞扬的美景。且行拿出自己的画作，向目远展示他眼中的春天。画中的柳树依依，柳絮如梦似幻，仿佛能让人闻到春天的气息。目远看着画作，心中涌起一股莫名的感动，他感受到了且行对生活的热爱与向往。

接着，目远拿出自己的笔记，与且行分享他观察到的世界。他讲述了柳絮如何随风起舞，如何在大自然的怀抱中自由翱翔，以及它们背后所蕴含的生命的奥秘与自然的法则。且行听着目远的讲述，仿佛看到了一个全新的世界，一个他从未注意到的、充满智慧与哲理的世界。

那一刻，且行和目远都意识到，虽然他们的性格和兴趣截然不同，但正是这份差异，让他们能够相互补充，共同成长。且行的行动与体验，让目远的观察与思考更加生动与深刻；而目远的远见与智慧，则让且行的画作与感悟更加丰富与深邃。

从此，且行和目远成为了小镇上最要好的朋友。他们一起漫步在柳絮飞扬的小镇上，用各自的方式记录着生活的美好与哲理。而"且"与"目"的哲理，也如同柳絮一般，随风飘扬，在小镇上留下了深刻的印记。

这个故事告诉我们，每个人都有自己的独特之处与价值所在。当我们学会欣赏与尊重彼此的差异时，就能共同创造出更加丰富多彩的世界。

Milton Keynes UK
Ingram Content Group UK Ltd.
UKHW050939061124
450709UK00011B/149